AF268226

CONGRÈS INTERNATIONAL

DES

ORIENTALISTES

PREMIÈRE SESSION

(TENUE A PARIS EN SEPTEMBRE 1873)

DISCOURS DE RÉCEPTION

A L'ACADÉMIE DE STANISLAS

PAR

M. Lucien ADAM

SUBSTITUT DU PROCUREUR GÉNÉRAL PRÈS LA COUR DE NANCY.

NANCY

IMPRIMERIE BERGER-LEVRAULT & Cie

11, RUE JEAN-LAMOUR, 11

—

1874

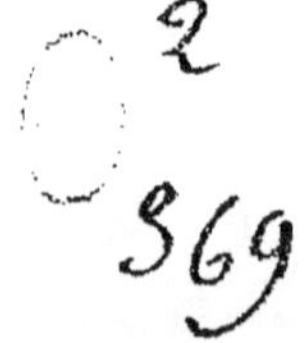

CONGRÈS INTERNATIONAL
DES ORIENTALISTES

PREMIÈRE SESSION

(TENUE A PARIS EN SEPTEMBRE 1873)

—

MESSIEURS,

L'accueil favorable fait à ma candidature a été un nouveau témoignage de votre sympathie pour ce groupe d'orientalistes qui, sous le nom d'École de Nancy, a conquis une notoriété aujourd'hui européenne.

Après avoir honoré les maîtres, il vous a plu de récompenser l'élève, et vous avez voulu l'encourager au moment où il renonçait aux splendeurs de l'Inde arienne pour gagner, par des chemins mal frayés, le plateau central de l'Asie et les plaines qui vont s'abaissant des cimes de l'Altaï aux rivages désolés de l'Océan glacial. Assurés de sa bonne volonté, ayant foi dans ses promesses, vous lui avez fait crédit de quelques années, et votre secrétaire annuel a eu la bienveillance de se porter garant du payement de la dette.

Recevez, Messieurs, devant cette assemblée, la vive expression de ma gratitude, et souffrez que je vous donne la mesure du sentiment qui me dicte ces paroles, en vous faisant un aveu peut-être naïf, mais absolument sincère. Quand, il y a dix-sept ans, je prenais part à la fondation de la Conférence littéraire Stanislas, quand j'inaugurais la première séance de cette société d'études par un discours sur l'utilité des Académies de province, je nourrissais déjà l'ambition d'être admis dans vos rangs; futur candidat, je faisais ma profession de foi, et tandis que je remplissais temporairement les fonctions de président, je me promettais d'avoir un jour à m'acquitter ici de la tâche de récipiendaire.

Mais le devoir qui m'incombe en ce moment ne m'apparaît plus sous les riantes couleurs que lui prêtait mon imagination de jeune homme. Je sens, plus que je ne saurais l'exprimer, combien il me sera difficile de justifier la faveur dont j'ai été l'objet. De quel sujet vous entretenir qui soit digne de vous et qui en même temps ne dépasse pas la mesure de mes forces?

J'agitais ce problème sans y trouver de solution, lorsqu'il m'a été donné de prendre place sur les bancs de la Sorbonne, à côté d'orientalistes réunis en un Congrès international. Frappé, dès les premières séances, de l'importance et de la variété des questions que j'entendais traiter ; émerveillé à la vue des richesses artistiques rassemblées par M. H. Cernuschi dans les vastes salles du palais de l'Industrie ; ému de me sentir en communauté de curiosité scientifique, d'études et d'admiration avec des représentants de tous les peuples de l'univers, je compris qu'à défaut de discours je pourrais intéresser l'Académie en lui présentant un rapport sommaire sur les travaux de ce premier Congrès international des orientalistes dont la France doit l'initiative au dévouement et à la résolution de l'un de nos membres correspondants, — j'ai nommé M. Léon de Rosny, professeur à l'École des langues orientales. Se souvenant, au lendemain de nos abaissements et de nos désastres, que la France était encore, dans les premières années de ce siècle, l'institutrice de l'Europe, cet homme de cœur, de science et d'esprit, a osé planter le drapeau de l'Institut d'Égypte aux avant-postes de l'orientalisme, et les savants ont répondu à cet appel des bords de la Néva aux rives du Tage, du Péloponèse aux îles Britanniques, et par delà les mers, du Brésil à la Californie, de Karikal à Jedo.

Le Congrès s'est ouvert le 1er septembre 1873, sous la présidence de M. le vice-amiral Roze ; et son premier acte, inspiré par un sentiment de justice unanimement loué, a été de décerner des récompenses aux correcteurs, protes et ouvriers typographes qui ont concouru, depuis quarante ans, à l'exécution de nos principales publications orientales.

A l'issue de cette fête donnée au travail ingrat et ignoré, les études japonaises ont été inaugurées par une allocution que Son Exc. M. Samesima Naonoba, ministre plénipotentiaire de S. M. le Mikado, a prononcée en langue française. C'était l'extrême Orient qui, après des siècles de mutisme, adressait la parole au monde occidental pour réclamer son appui en des termes d'une noblesse et d'une simplicité parfaites. Écoutez l'exorde de ce discours mémorable, en tenant compte de tout ce qu'il perd à être rapporté : « Messieurs, votre présence dans « cette enceinte est la première constatation pu-« blique, en Europe, de l'entrée du Japon dans « une communauté de but et d'avenir avec les na-« tions occidentales. Jusqu'à présent nous avons « eu entre nous des liens politiques et commer-« ciaux; nous créons pour la première fois un lien « intellectuel, et je ne doute pas que l'éducation « n'atteigne un jour, au Japon, une force qui nous « mettra à même d'établir avec vous, à notre tour, « ces relations sociales qui seules unissent complé-« tement les nations, parce que seules elles suppri-« ment l'ignorance et les préjugés. »

L'ambassadeur a ensuite annoncé que son Gouvernement avait compris la nécessité de modifier le système de l'écriture japonaise devenue en grande partie idéographique. « Nous faisons déjà, a-t-il ajouté, des études dans ce but, et j'aime à espérer que vous voudrez bien nous y aider de vos lumières. »

Le Congrès salua d'applaudissements répétés l'annonce officielle d'une réforme qui va permettre à la pensée japonaise, jusqu'à ce jour asservie aux lenteurs de la gravure sur bois, de revêtir enfin cette forme souple et rapide dont la réduction du nombre des types est la condition première. Concourir à doter le Japon d'une écriture alphabétique était pour les savants occidentaux un devoir international. Ils l'ont rempli, à leur honneur, en conciliant les droits de la science avec les exigences de la pratique.

Tels ont été les débuts de la session : d'abord un acte de justice envers de modestes auxiliaires, ensuite un service capital rendu à 25 millions d'hommes.

Maintenant, Messieurs, déployons la carte du monde oriental et marquons la route que le Congrès a suivie depuis le Japon, qui a été son point de départ, jusqu'aux rivages de la Grèce.

Originaires du continent asiatique, les Japonais, hommes de race jaune, ont trouvé les îles du Nippon occupées par des populations aïnos qu'ils ont refoulées dans la partie septentrionale de l'Archipel, où leurs descendants se sont maintenus. Ces premiers maîtres du sol appartenaient à une race absolument distincte de celle des conquérants.

Grands, robustes et barbus, ils disaient descendre d'une princesse d'outre-mer dont les filles s'étaient alliés à des ours. Cette légende, imaginée pour résoudre un grave problème ethnologique, atteste que les Aïnos ne se considéraient point comme autochtones ; mais la science ne peut encore aller au delà. L'origine de ce peuple condamné à disparaître dans un temps donné demeure inconnue, et il faut attendre que l'analyse de sa langue permette aux linguistes de porter sur lui un jugement motivé.

Vainqueurs des Aïnos avec lesquels ils ne contractèrent que de très-rares alliances, les Japonais n'ont subi ni invasions, ni conquêtes ; aussi leur race est-elle demeurée pure de tout mélange. Il en a été autrement de leurs croyances religieuses, de leur littérature et de leur langue. Tout d'abord, et pendant des siècles, les Japonais rendirent un culte aux *Kamis,* c'est-à-dire aux ancêtres qui avaient pratiqué la vertu et aux héros qui avaient purgé le pays, soit des monstres, soit des chefs aïnos. Cette religion, qui paraît avoir été universelle, était encore intacte au IIIe siècle de l'ère chrétienne, lorsque le bouddhisme fut importé au Japon par des missionnaires venus de la Corée.

Inquiet de la rapidité avec laquelle cette doctrine se répandait, le gouvernement prit la défense du culte national avec une telle vigueur, que le sang des martyrs rougit le sol. Cette semence y fructifia, et bientôt le Japon, converti secrètement

à la foi nouvelle, apprit coup sur coup que la persécution avait cessé, que des princesses de la famille
impériale s'étaient déclarées disciples de *Çakia
mouni*, enfin que le Mikado venait de proclamer le
bouddhisme religion de l'État, tout en conservant
à l'antique synthoïsme son caractère de culte do-
mestique et traditionnel.

Inoffensif pour l'esprit superstitieux et station-
naire des hommes de race jaune du continent, le
bouddhisme devait produire des fruits empoisonnés
dans un pays très-impressionnable et doué d'une
activité intellectuelle qui, en le rendant accessible
à toutes les nouveautés, le pousse à s'engager dans
des recherches périlleuses. Tandis que le vulgaire
s'en tenait au mysticisme du nirvâna-extase, les
lettrés ne tardèrent pas à percer le mystère du
nirvâna-néant, et ils corrompirent l'enseignement
officiel par des initiations secrètes au nihilisme.
Contre ce mal, la philosophie chinoise du *Livre des
entretiens domestiques* était impuissante ; en effet,
au jugement des Européens connaissant à fond
l'extrême Orient et de l'aveu exprès des Japonais,
les enseignements de Confucius renferment un
scepticisme d'autant plus pernicieux qu'il est inti-
mement mêlé à une sorte d'épicuréisme très-bien
résumé dans cet aphorisme chinois : « Le bonheur
suprême consiste en une longue vie durant laquelle
on a eu la sagesse de ne chercher à saisir rien qui
soit au delà de la longueur du bras. »

Un moment le christianisme parut appelé à enrayer ce mouvement de la pensée japonaise ; mais, pour des causes encore mal connues, la prédication chrétienne fut arrêtée par une persécution cette fois efficace.

De nos jours, le Japon a été le théâtre d'une révolution religieuse inouïe dans les fastes de l'histoire. Le monde romain avait vu un empereur essayer de détruire la religion que son prédécesseur Constantin avait fait monter sur le trône, mais Julien prétendait en même temps restaurer l'ancien culte. Comme lui, le Mikado régnant a détruit l'œuvre de son ancêtre du IIIe siècle, mais, — et ici je me borne à raconter, — en détruisant, il n'a cherché ni à restaurer, ni à édifier. A l'heure où je parle, les temples bouddhiques sont vendus à l'encan et le peuple assiste, à peu près impassible, à l'élimination réfléchie de tout élément religieux autre que le culte des Kamis.

Instamment prié de fournir au Congrès des renseignements précis sur l'état actuel du peuple japonais, M. du Bousquet, secrétaire-interprète de la légation de France au Japon, s'est exprimé en ces termes : « Le peuple japonais a subi les systèmes religieux tant qu'ils répondaient aux circonstances, mais sans jamais s'y laisser enfermer. C'est, dans toute la force du mot, un peuple sans préjugés. Aujourd'hui il voit les bases de sa transformation totale dans la diffusion de l'instruction et dans une condition nouvelle faite à la femme. La révolution qu'il vient d'accomplir a été mûrement réfléchie. En une seule année, le gouvernement a fondé huit cents écoles de garçons. A Jedo, cinq écoles de filles ont été ouvertes. Enfin, l'année prochaine, un congrès religieux se réunira dans cette ville ; les ministres de tous les cultes seront invités à s'y faire représenter... et l'on choisira ! »

De cet empire du soleil levant qu'illumine une aurore nouvelle, le Congrès a passé à la Chine, que rien n'émeut et où rien ne semble changer.

Si l'histoire ancienne de ce pays est moins obscure que celle du Japon, son ethnographie présente des difficultés égales. On sait, par les révélations de la linguistique et par les documents indigènes, que les ancêtres des Chinois ont primitivement habité la région du Kouen-lun, au nord du Tibet, et qu'ils sont partis de ce plateau pour conquérir la Chine. On sait également qu'après avoir été arrêtés dans leur marche par les Coréens, ils descendirent vers le sud-ouest, où ils eurent à combattre les puissantes confédérations des *Miao-tze*. Mais on ne possède encore aucun renseignement certain sur l'origine, la religion et les mœurs de ces autochtones dont la langue diffère absolument de celle des conquérants. Or, il existe à la Chine un livre dans lequel ces obscurités sont dissipées. Je veux parler de la partie du grand ouvrage historique de *Ma-touan-lin,* qui est spécialement consacrée à la description des peuples de l'est, du midi, de l'ouest et du nord. Abel de Rémusat, Klaproth et de Guignes n'avaient fait que feuilleter deux ou trois des vingt-cinq volumes de ce précieux traité ethnographique; M. le marquis Hervey de Saint-Denys, professeur au Collége de France, a annoncé qu'il en prépare une traduction complète.

M. Robert Douglas, conservateur des livres japonais et chinois au musée britannique, a exprimé le vœu que les sinologues complètent l'importante publication de M. Hervey de Saint-Denys, en traduisant les documents historiques qui ont été réunis et commentés par les membres de l'Académie des Hanlin. Bien qu'attestant une connaissance approfondie des textes, les compilations des anciens missionnaires sont désormais insuffisantes, et le moment est venu de reprendre l'histoire de la Chine en sous-œuvre.

M. Léon de Rosny a vivement intéressé le Congrès en prenant, au sujet des textes chinois les plus anciens, l'engagement de démontrer qu'un très-grand nombre de caractères, dans lesquels nous voyons des représentations d'idées, sont de simples notations phonétiques. Il a ensuite, au sujet de la méthode employée par Stanislas Julien pour lire les transcriptions chinoises des mots étrangers, constaté d'une part que la prononciation mandarine, à laquelle l'illustre sinologue s'était fié, ne répond qu'imparfaitement à l'état primitif de la langue; d'autre part que la prononciation ancienne s'est conservée à peu près pure dans un certain nombre de dialectes du midi, lesquels, traités par la méthode comparée, fourniront les éléments d'une histoire de la langue chinoise.

Des provinces du Kouang-tong et du Fo-kien, le Congrès a rétrogradé jusqu'à la région du Kouen-lun ; puis, faisant route vers le nord, a gagné les versants méridionaux des monts Altaï. Ce point central du continent asiatique paraît avoir été le berceau des tribus nomades qui, sous les noms de Touraniens, de Scythes, de Huns, de Hongrois, de Mongols, de Tartares et de Turks, ont joué par instants, dans l'histoire des peuples ariens, le rôle de fléaux de Dieu. Confondus pendant longtemps avec les Tibétains, les Chinois, les Coréens, les Japonais et les populations de l'Indo-Chine, dans l'unité ethnographique de la race jaune, ces antiques ennemis de la civilisation agricole forment aux yeux du linguiste une grande famille dont l'un des traits caractéristiques est la symphonie vocalique. M. Max Müller a méconnu cette entité, mais le groupe agglutinant dans lequel il avait réuni les idiomes du Touran aux dialectes dravidiens et au basque, n'a pu résister aux efforts de la critique. M. Chavée, l'un de nos membres correspondants, a démontré que le procédé de l'agglutination correspond à une certaine période qu'ont traversée ou tout au moins abordée l'immense majorité des langues.

Cette thèse devait recevoir, dans la séance consacrée aux études océaniennes, une éclatante
confirmation. Après avoir établi la migration dans
les îles de la Sonde de peuplades jaunes vraisem-
blablement indo-chinoises, le refoulement graduel
des aborigènes de couleur noire, et l'affinité de
toutes les langues parlées dans l'Océanie, de Ma-
lacca à l'Australie, de Madagascar aux Pomoutou,
M. Dulaurier, membre de l'Institut, a constaté que
les radicaux malais, généralement bisyllabiques,
se décomposent en monosyllabes qui se sont ag-
glutinés entre eux à une époque relativement
récente.

Il s'est produit, au cours de cette séance, un
incident absolument inattendu. Le savant professeur venait d'exprimer le regret que le centre de
Bornéo n'ait encore été visité par aucun voyageur
européen, lorsque M. l'abbé Langenhof, mission-
naire hollandais, a contredit victorieusement cette
assertion en donnant une relation sommaire d'un
voyage qu'il a fait, en 1869, dans la partie de
l'île demeurée jusqu'alors inconnue. Il y a trouvé
des tribus d'hommes noirs dépourvus de tout vête-
ment, exercés dès l'enfance à couper les têtes de
leurs ennemis avec une adresse merveilleuse, adon-
nés à l'anthropophagie, n'ayant ni prêtres ni culte
d'aucune sorte, et, néanmoins, croyant à l'exis-
tence d'un grand esprit créateur du monde, à une
immortalité dont les cimes des hautes montagnes

seraient le théâtre, et à des châtiments éternels infligés aux hommes qui ont démérité !

M. Julien Vinson, auteur d'un remarquable mémoire sur les langues dravidiennes, a cru trouver dans ces idiomes des traces certaines d'un état de l'humanité bien autrement imparfait que ne l'est celui des tribus découvertes par M. l'abbé Langenhof. L'absence de tout terme général et métaphysique lui a paru révéler qu'au moment où leur parler a revêtu sa forme organique, les hommes noirs du Deccan étaient irréligieux, matérialistes et athées. Cette déduction, exclusivement linguistique, a été corroborée, au moins dans une certaine mesure, par des considérations que M. Schœbel a présentées sur la nature et l'origine du bouddhisme. Se faisant l'interprète d'une école qui voit dans l'œuvre de Çakia-mouni le renouvellement d'une antique doctrine dravidienne, le savant indianiste a mis en relief les tendances athées du bouddhisme et ses aspirations au nivellement social, traits qui seraient particuliers à la physionomie morale des habitants du Deccan.

D'un autre côté, M. le baron Textor de Ravisi a signalé, comme étant de provenance visiblement dravidienne, un grand nombre de légendes de la religion sivaïte. En sa qualité d'ancien administrateur d'une partie de l'Inde française, M. de Ravisi a dénoncé au Congrès un état de choses qui n'a pas besoin de commentaires : sur les 70,000 habitants de Karikal, il n'y en a pas 700 qui entendent le français, et depuis Dupleix pas un fonctionnaire ne débarque dans l'Inde, ayant une notion quelconque de dravidien !

L'orateur a émis le double vœu, dont l'initiative appartient au chef de l'École de Nancy, qu'un cours de langue dravidienne soit ouvert à l'école des langues orientales, et que les fonctionnaires de l'Inde soient mis en demeure d'étudier sérieusement l'idiome du pays qu'ils administrent.

Le jugement porté sur le bouddhisme par M. Schœbel avait paru à M. de Ravisi être empreint d'une rigueur excessive. M. Eichhoff ayant déclaré qu'il serait absurde de penser que trois cent millions d'hommes ne cessassent de prier pour obtenir leur anéantissement, une discussion très-vive s'engagea sur la nature du nirvâna. Cet état de l'âme, véritable protée de la théologie bouddhiste, est-il la diffusion inconsciente de la personnalité humaine, ou seulement sa libération de toute impression extérieure et de toute sensation, jointe à la plénitude de la vie spirituelle ? — Après avoir rappelé au Congrès que MM. E. Burnouf, Barthélemy-Saint-Hilaire et Max Müller tiennent pour le nirvâna-néant, tandis que MM. Aubry, Foucaux et Barham se prononcent en faveur du nirvâna-extase, M. de Rosny a constaté que les bonzes sont également divisés sur cette question fondamentale.

Si le bouddhisme recèle un mystère encore impénétrable, la doctrine de Zoroastre offre à la critique plus d'une énigme. M. Jacolliot, ancien magistrat dans l'Inde, a développé avec ampleur, au début de la séance consacrée à la Perse, un système d'après lequel Ormuzd et Ahriman se confondraient dans Zervan-Akéren, c'est-à-dire dans l'incréé. Selon lui, le feu ne serait qu'un symbole et le monothéisme aurait présidé à l'éclosion du zoroastrisme comme à celle de toutes les religions ariennes. En opposition à cette thèse, que M. Emmanuel Latouche avait cru pouvoir étayer de l'autorité du Pendnameh, Mme Clémence Royer a soutenu, aux applaudissements du Congrès, que Zervan-Akéren est une interpolation relativement moderne, que le dualisme mazdéen a été l'idéalisation du combat védique entre la lumière et les ténèbres, que le feu a été, comme Agni, l'objet d'un culte véritable avant d'être employé comme un symbole, que l'hommage religieux rendu à cet élément a été la commémoration de sa conquête, enfin que le monothéisme est la conclusion des conceptions mythologiques au lieu d'en être le principe.

Avant de quitter la Perse, le Congrès a entendu esquisser l'histoire linguistique de cette région par MM. Schœbel et Chavée, le premier présentant comme autant de transformations successives du vieux bactrien ou zend, le persé des Achaménides, le pehlvi et le parsi, d'où est sorti le persan moderne ; le second montrant, dans ces différentes langues, des déformations collatérales de l'iranien qui se seraient produites simultanément, au nord, au centre et à l'occident de la région.

M. de Longpérier, membre de l'Institut, a rappelé aux philosophes du Congrès que dans les inscriptions achaménides gravées sur les rochers et les monuments publics par ordre des rois, le zoroastrisme apparaît comme étant déjà rigoureusement monothéiste. Les renseignements fournis par le savant archéologue concordent avec les indications que M. Girard de Rialle a données dans son histoire des monarchies éraniennes ; mais il faut prendre garde d'oublier que le roi Vistâpça ou Gushtap, premier disciple de Zoroastre, régna à Balk sur un royaume oriental qui précéda peut-être de beaucoup les grandes monarchies éraniennes de la Perse et de la Médie.

De la Perse, le Congrès s'est rendu en Arménie, où M. Patkanof, de l'université de Saint-Pétersbourg, a fait preuve d'une rare justesse d'esprit dans une communication très-intéressante sur la langue de ces inscriptions cunéiformes de Van, qui, après avoir défié pendant plus de cinquante ans la sagacité des orientalistes, commencent à être déchiffrables.

Les inscriptions sémitiques livrent leurs secrets sans exiger autant d'efforts ; cependant la lecture de la célèbre inscription phénicienne du sarco-

phage d'Eschmounazar, roi de Sidon, présente
des difficultés qui ont été soumises au Congrès.
MM. Halévy, Baumfeld et Chavée ont signalé deux
passages de ce texte comme fournissant la preuve,
longtemps attendue, que dans la moyenne antiquité
les descendants de Sem ont cru à l'immortalité de
l'âme. M. Schœbel a fait remarquer qu'on ne peut
trancher la question avant de savoir au juste quand
a vécu le roi Eschmounazar. Dès les temps les plus
reculés, les hommes ont admis une survivance à
laquelle ne s'attachait aucune idée transcendentale;
la vie terrestre était réputée se continuer dans les
limites de la nature. Si donc l'inscription d'Eschmounazar est antérieure à l'époque où l'influence
hellénique s'est fait sentir, en Orient, l'immortalité
affirmée par le roi de Sidon, serait purement phy-
sique.

Une inscription en dialecte carthaginois, dont une
ligne seulement avait pu être expliquée jusqu'à
présent, a été interprétée avec succès par M. Halévy, lauréat de l'Institut. Il s'agit d'un autel
voué aux dieux, pour le bonheur de son maître, par
une femme esclave. Le savant épigraphiste a tiré
de ce texte toute une réhabilitation du caractère
sémitique.

Après un court séjour en Phénicie et en Syrie,
le Congrès a fait voile pour l'Égypte, où M. Chalvet
de Rochemonteix a démontré la parenté des idiomes
égyptien et berbère en dégageant de la façon la

plus lucide les éléments primitifs du vocabulaire et de la morphologie.

M. Chabas, de Châlon-sur-Saône, a fourni une interprétation nouvelle d'un terme liturgique important, le *pir-em-hrou*, qui est la formule de l'immortalité. Enfin il a été donné lecture d'un rapport de M. Robiou, sur les progrès des études égyptiennes depuis 1867.

La dernière séance du Congrès était réservée aux études néo-helléniques. M. Émile Legrand a signalé les efforts méritoires que font les Grecs pour reconquérir leur langue nationale. Ils s'appliquent fort judicieusement à épurer le romaïque et à le développer analytiquement, c'est-à-dire dans la direction finale de toute langue arienne.

M. Lesbini, délégué hellène, a confirmé les conclusions du mémoire de M. Legrand ; puis, faisant une rapide incursion en Turquie, il a recherché les causes de la décadence ottomane et a signalé entre toutes une ignorance extraordinaire due en partie à l'adaptation du détestable alphabet arabe au plus symphonique de tous les idiomes originaires du Touran. Un puissant moyen de régénération intellectuelle pour ce pays, qui n'a pas encore d'écoles sérieuses, serait l'introduction de l'alphabet latin. Que la Turquie s'inspire donc de l'exemple donné par le Japon !

Parvenu au terme de cette fructueuse exploration du domaine oriental, je voudrais soumettre à l'Académie l'examen d'une question qui a été soulevée dans le Congrès sans y être résolue avec toute la netteté désirable.

Vous savez, Messieurs, quel éclat a jeté sur la linguistique la démonstration de cette vérité, aujourd'hui fondamentale, que les idiomes du nord de l'Hindoustan, de la Perse, de l'Arménie et de la presque totalité de l'Europe, sont autant de dialectes d'une langue primitive parlée durant la période préhistorique par des tribus pastorales réunies sur ce plateau élevé qui va, s'inclinant légèrement, des flancs du Balougtan aux bords de la mer Caspienne.

Dans l'enivrement causé par cette découverte, dont l'importance dans l'ordre historique n'est pas moindre que ne l'a été dans l'ordre matériel celle de l'application de la vapeur d'eau à la locomotion, un certain nombre de linguistes ont affirmé hautement et sans réserves que leur science était appelée à résoudre les problèmes d'ethnographie les plus ardus, et que la méthode comparée était un glaive destiné à trancher tous les nœuds gordiens de l'anthropologie. « La variété dans le langage correspond à une variété dans la race », telle fut la formule qui passa du cabinet des savants, où elle était inoffensive, dans le courant du journalisme, des revues et des discours politiques, où elle a donné naissance à cette fausse théorie des nationalités, hier encore en vogue. De 1836, date à laquelle

parurent les *Considérations sur l'avenir de l'Europe,*
par M. Ernest Charrière, jusqu'à l'époque de la
funeste guerre du Mexique, tous les peuples furent
distribués, suivant les affinités de leurs langues,
dans des cadres factices. Au lieu de s'en tenir à la
délimitation purement linguistique des groupes se-
condaires et tertiaires, dont l'ensemble forme la
famille indo-européenne, on éveilla imprudemment
les ambitions royales et les convoitises populaires
en évoquant les dangereux fantômes de prétendus
races slave, germanique et latine. La noble Alsace
et cette moitié de nous-mêmes, qui a reçu le nom
de Lorraine allemande, ont été dans une certaine
mesure les victimes de cette application illégitime
des principes de la linguistique.

Tandis que les prémisses des annexions se po-
saient dans la théorie politique, les anthropologues
étaient séduits par l'apparente simplicité d'une
méthode qui venait de reculer jusqu'au Deccan
les frontières de la race blanche; et, non contents
de se reconnaître débiteurs envers la linguistique,
ils n'hésitaient pas à proclamer la vassalité de leur
science naissante. Mais bientôt des faits nombreux
vinrent former autant d'exceptions avec lesquelles
il fallut compter. Il fut reconnu que la règle, vraie
dans sa généralité, avait fléchi sous le poids d'évé-
nements préhistoriques et d'accidents dont le sou-
venir s'était conservé. On signala au nord, à
l'est et au sud de la Russie d'Europe, des tribus

finnoises, turkes et tatares, qui avaient adopté la langue russe; aux confins orientaux de l'Allemagne, des groupes finnois, lithuaniens et slaves, linguistiquement germanisés; enfin, Messieurs, des savants qui vous appartiennent opposèrent aux revendications germaniques ce fait indéniable que les populations du pays de Trèves et du Palatinat, bien que parlant la langue allemande depuis des siècles, sont d'origine gauloise et celtique au même titre que les habitants de la Touraine et du Berry.

Fort de ces constatations, M. Broca leva en 1862, contre la domination de la linguistique, le drapeau d'une rébellion qui, après avoir revendiqué les droits incontestables de l'anthropologie, a été jusqu'à prétendre, sur la linguistique, à une suzeraineté contre laquelle j'ai protesté avec énergie dans l'enceinte du Congrès. La science, dont je vous convie à prendre avec moi la défense, renonce à diriger les recherches de l'anthropologie, mais veut être autonome. Dégagée des liens de la philologie, du sein de laquelle elle est issue, ayant émigré de la république des lettres pour aller fonder dans le *far-west* de la science une colonie déjà riche et glorieuse, la linguistique entend maintenir contre tous son absolue indépendance. Son objet est l'étude des divers organes du langage humain, son but est de classer toutes les langues parlées sur la surface du globe, sa méthode consiste, comme celle des sciences naturelles, dans l'analyse et la comparaison, enfin ses conclusions sont exclusivement linguistiques.

L'histoire, l'archéologie, la science des religions et l'anthropologie elle-même peuvent s'emparer de ces conclusions ou les négliger, mais aucune de ces sciences ne peut prétendre sur elles à un droit de contrôle.

Mineur laborieux et patient, le linguiste se renferme dans le cercle de son activité, tout en se ménageant de libres communications avec toutes les sciences qui concourent à éclairer l'histoire de l'homme.

J'ai dit qu'il tient pour faux le principe des nationalités suivant la langue ; j'ai hâte d'ajouter qu'il tient pour également chimérique et pour non moins pernicieux le principe des nationalités suivant la race. Après avoir montré la Lorraine allemande sacrifiée à la formule linguistique, il signale à certains peuples, dans le triomphe de l'anthropologie à outrance, un péril qui les menace directement. Enfin, instruit par une double expérience, il se plaît à proclamer, d'accord en cela avec tous les hommes de bon sens et d'intentions droites, que les nationalités sont des produits de l'histoire dans lesquels le droit peut finir par primer la force.

Nancy, imp. Berger-Levrault et Cie.